Comparar y contrastar

Frases claves para **comparar y contrastar**:

_____ se parece a _____ en que _____.

_____ no se parece a _____ en que _____.

Para **comparar y contrastar** dos personas o cosas, piensas: ¿en qué se parecen? Además piensas: ¿en qué se diferencian?

El transporte en la ciudad

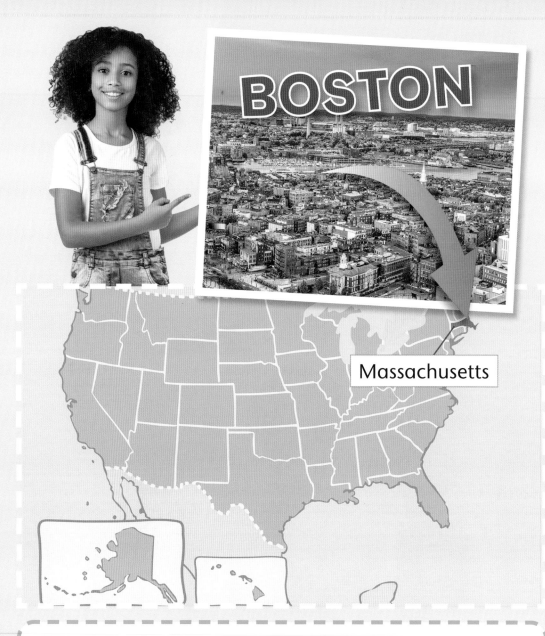

BOSTON

Massachusetts

Mi nombre es Emma. Vivo con mi familia en Boston, una ciudad grande del estado de Massachusetts. Vivir en Boston es muy divertido. Hay muchas cosas que hacer. Hay muchas cosas que ver.

Existen muchas maneras de moverse por la ciudad. La gente elige diferentes medios de transporte para ir de un lugar a otro. Muchas personas viajan en autos.

Voy todos los días a la escuela en un autobús escolar con otros estudiantes. Algunos de mis compañeros de clase van a la escuela de otras maneras. Los que viven cerca de la escuela, pueden ir caminando o en bicicleta.

El horario del autobús indica la hora de llegada y salida de los autobuses en cada parada todos los días.

Horario de autobuses
Busca información detallada de cada estación, incluyendo dirección y conexiones de tránsito local, a lo largo de la página.

De lunes a sábados
excepto los días feriados

7:45 AM	8:45 AM	9:45 AM	10:45 AM	11:45 AM	12:45 PM	1:45 PM
7:50 AM	8:50 AM	9:50 AM	10:50 AM	11:50 AM	12:50 PM	1:50 PM
7:55 AM	8:55 AM	9:55 AM	10:55 AM	11:55 AM	12:55 PM	1:55 PM
8:03 AM	9:03 AM	10:03 AM	11:03 AM	12:03 PM	1:03 PM	2:03 PM
8:08 AM	9:08 AM	10:08 AM	11:08 AM	12:08 PM	1:08 PM	2:08 PM
8:12 AM	9:12 AM	10:12 AM	11:12 AM	12:12 PM	1:12 PM	2:12 PM

Mi mamá viaja en autobús al trabajo todos los días. Va caminando hasta la parada y allí espera a que llegue. El autobús viene a la misma hora todos los días. Mi mamá se baja del autobús en una parada que está cerca de su trabajo.

Mi papá va al trabajo en el **metro** todos los días. Primero, el tren viaja por la calle. Después va por debajo de la tierra.

Mi padre se baja del tren, sube las escaleras y sale a una calle muy cerca del edificio donde trabaja.

Muchas personas pueden ir caminando todos los días de la casa al trabajo. Caminar es beneficioso para la salud.

La gente viaja hacia y desde el trabajo de varias maneras. Muchas personas lo hacen en automóvil. A veces hay tantos automóviles en las calles, que toma mucho tiempo ir de un lugar a otro.

Tipos de automóviles

La gente usa los automóviles para ir de un lugar a otro. Hay muchos tipos de automóviles.

El primer automóvil se veía así. ¡Iba aproximadamente a la misma velocidad que alguien caminando!

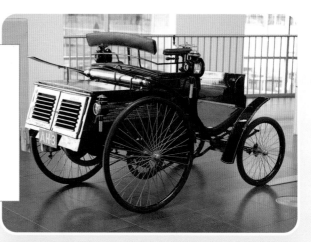

Algunos automóviles son muy pequeños. Este "huevito" es apenas un poco más largo que una bicicleta.

Algunos automóviles son muy largos. Este se llama limusina. ¡Hasta diez personas caben en él!

¡Incluso hay un carro volador! Este automóvil es en realidad un avión pequeño: sus alas se pliegan y ¡puede ir por la carretera!

helicóptero

Otras personas se desplazan en diferentes tipos de camiones para hacer su trabajo.

A veces veo un **helicóptero** sobrevolando la ciudad.

Muchas personas vienen de visita a Boston en avión.

Los aviones son un medio de transporte rápido. Me gusta ir al aeropuerto y ver los aviones despegar y aterrizar. Aquí llegan aviones desde muchos lugares, y también salen vuelos para un montón de ciudades.

limusina

La gente visita muchos lugares en la ciudad. Llegan a estos lugares de diferentes maneras. Algunas personas viajan en **taxi**. Otras viajan en autobús, y ¡algunas personas incluso viajan en **limusina**!

La gente también usa diferentes tipos de transporte para divertirse. Cerca de la ciudad hay un puerto que está rodeado de muchas islas. La gente viaja en un barco especial llamado ferri, o transbordador, para ir a las islas y sentarse en la playa o hacer senderismo.

Los barcos en Boston

Hay muchos tipos de barcos en Boston. Puedes montarte en algunos, o simplemente ir a verlos.

En el Jardín Público de Boston, puedes pasear en los llamados "botes de cisnes". El capitán pedalea para hacer que el bote navegue, ¡como en una bicicleta!

¡Puedes viajar en un vehículo que va por tierra y por agua!

En otoño, equipos de remo de distintas partes del mundo vienen para participar en las carreras de remo en el río. Mucha gente se acerca para verlos competir.

veleros

En la ciudad también hay un gran río. El río es otro lugar donde la gente va a divertirse. Algunas personas reman en botes pequeños y otras navegan en **veleros**.

A muchas personas les gusta caminar junto al río. Pueden sentarse en los bancos para descansar o para ver pasar los barcos, e incluso pueden ver a otras personas montar bicicleta o trotar por los senderos.

conciertos

Las familias pueden hacer picnics cerca del río. Los niños pueden jugar en parques infantiles. También pueden montar bicicleta y monopatín. Por la noche, las familias pueden ver conciertos o películas al aire libre.

Hay muchos lugares importantes que ver en Boston. La gente no necesita ir en auto o bote para verlos. Pueden caminar. Hay un sendero especial que pasa por todos esos lugares. ¡El sendero tiene más de dos millas de largo!

El Sendero de la Libertad de Boston

El Sendero de la Libertad es un camino de **ladrillos** que pasa por lugares importantes.

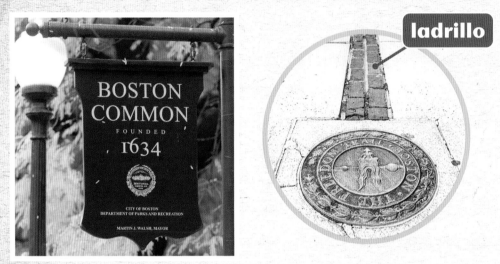

ladrillo

El sendero comienza en el Boston Common, que es el parque más antiguo de Estados Unidos.

El Parlamento

El Parlamento es donde la gente del gobierno hace su trabajo.

Hay una estatua de Benjamín Franklin en el lugar donde funcionó la primera escuela de Estados Unidos.

Estatua de Benjamín Franklin

Faneuil Hall era donde la gente de la ciudad se reunía para hablar de las cosas que estaban sucediendo.

Faneuil Hall

El último lugar del sendero es el Monumento Bunker Hill. ¡Para llegar a su cima tienes que subir 294 escalones!

Monumento Bunker Hill

Mi ciudad es un gran lugar para vivir y trabajar.
También es un lindo lugar para hacer turismo.
Hay muchas maneras de moverse por Boston.

La gente viaja por la ciudad en automóviles, autobuses y trenes. Viajan por el agua en barcos. Vuelan por el aire en aviones o helicópteros. ¿Cómo te gusta viajar a ti?

conciertos presentaciones musicales

helicóptero máquina de volar que tiene aspas que giran

ladrillos bloques hechos de arcilla

limusina automóvil de lujo, muy largo, que puede llevar a muchas personas

metro transporte público que va, por lo general, por debajo de la tierra

taxi automóvil con chofer que te lleva a algún lugar por una determinada cantidad de dinero

veleros barcos de velas